Le Triathlon en BD

Tome 1 : Quand tu deviens triathlète

de Valtrés

Copyright © 2019 Valtrés
All rights reserved.
ISBN-13 : 9781090401984

Dépôt légal : mai 2019
Valtres.triathlon@gmail.com

Voici notre héros, Max Véhode !
Après une longue hésitation,
il se lance enfin dans le monde du triathlon.
Pour le meilleur... Et pour le pire !

Son objectif ?
Réaliser la meilleure performance possible
sur un Triathlon S.

Quand tu veux te lancer dans le triathlon

Quand tu découvres l'histoire du triathlon

Dès la préhistoire, l'homme avait l'habitude de faire du sport pour muscler son corps d'athlète.

Il courait pour attraper une proie... ...ou pour fuir un prédateur ! Et nageait pour échapper aux requins !

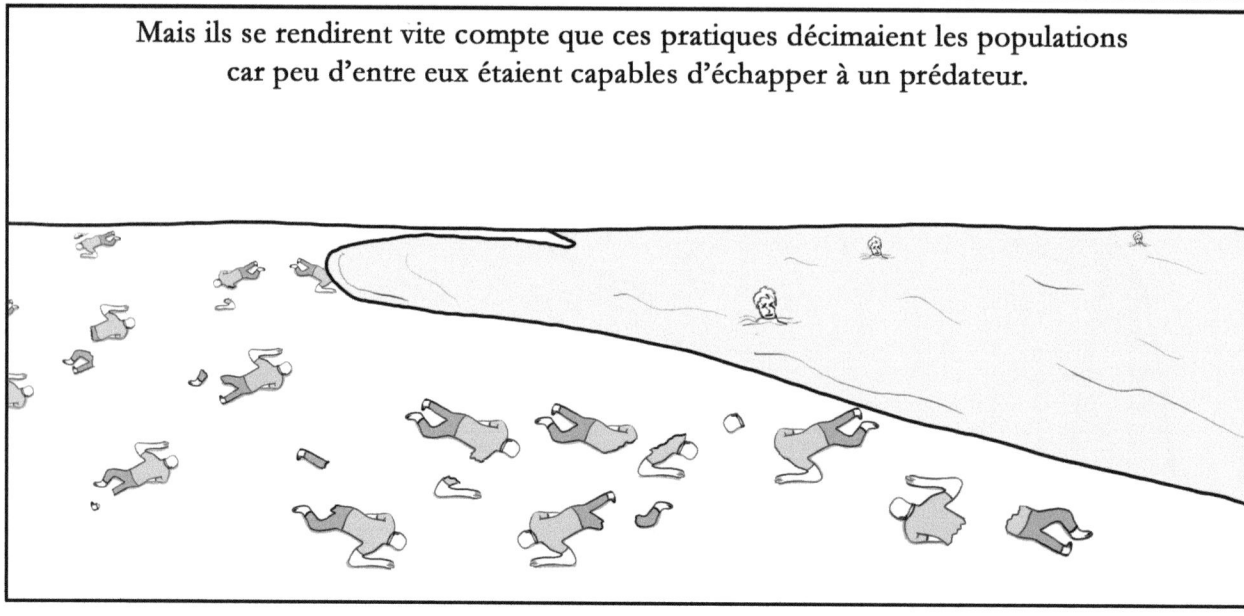

Mais ils se rendirent vite compte que ces pratiques décimaient les populations car peu d'entre eux étaient capables d'échapper à un prédateur.

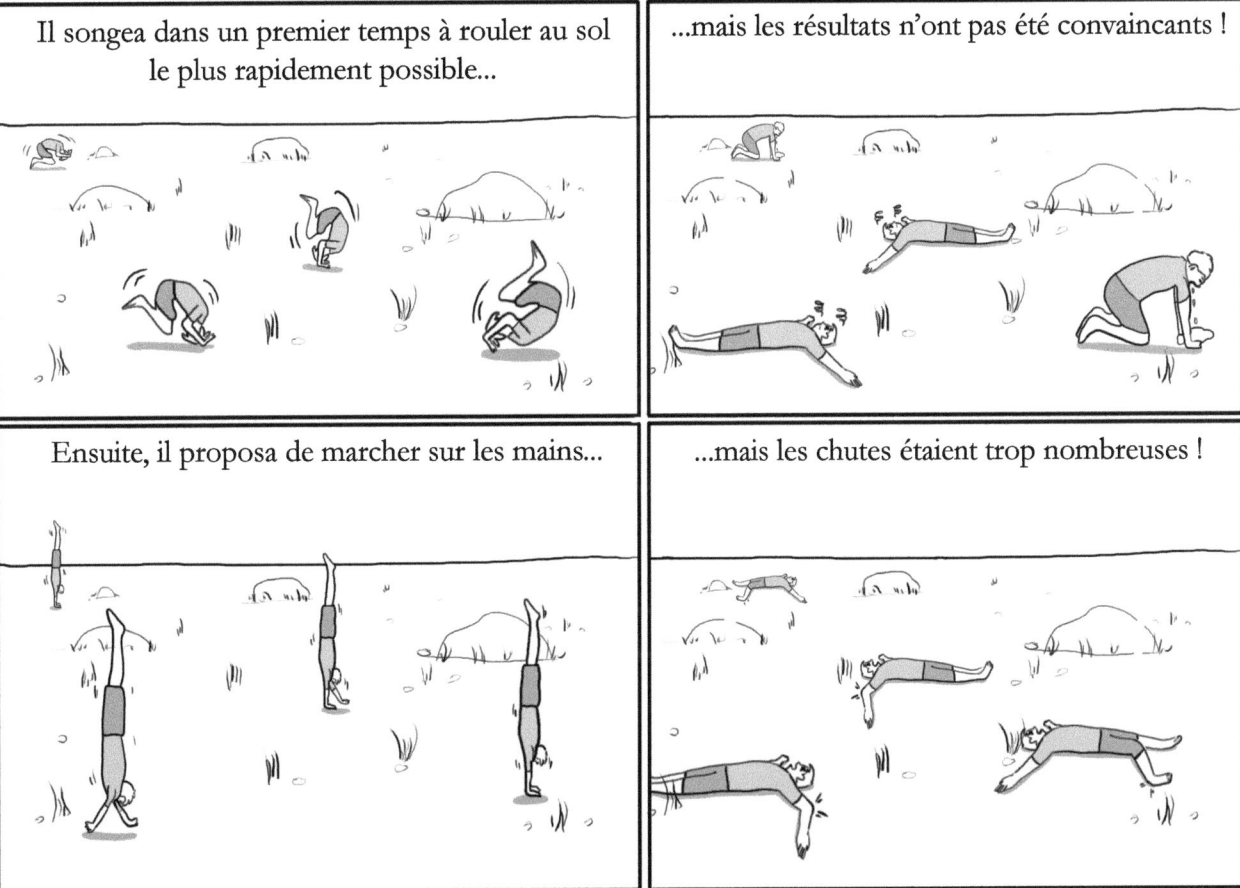

C'est en observant des rochers qu'il eut une idée : il remarqua qu'en s'allongeant sur le ventre sur un rocher rond, en poussant sur ses jambes, il réussissait à le faire rouler sur quelques mètres avec lui dessus.

Voilà, ce sera ça la troisième épreuve !
On est encore loin du vélo, mais il faut bien un début à tout !

Quand tu t'achètes tes premières chaussures

Quand tu cours pour la première fois

Quand tu t'achètes ton premier vélo

Quand tu nages pour la première fois

Houaaa

Maman, regarde comme il nage vite le monsieur !

Oui, ma chérie.

Impressionnant !

20 mètres plus tard...

Pffou Arff Pfff

Je ne me sens pas bien.

Arff Pffou Je... Argg

Maman, pourquoi il ne nage plus le monsieur ?

Écartez-vous, laissez lui de l'air.

Il se repose ma chérie.

Et pourquoi l'autre monsieur, il l'embrasse ?

Quand tu essaies ta combinaison pour la première fois

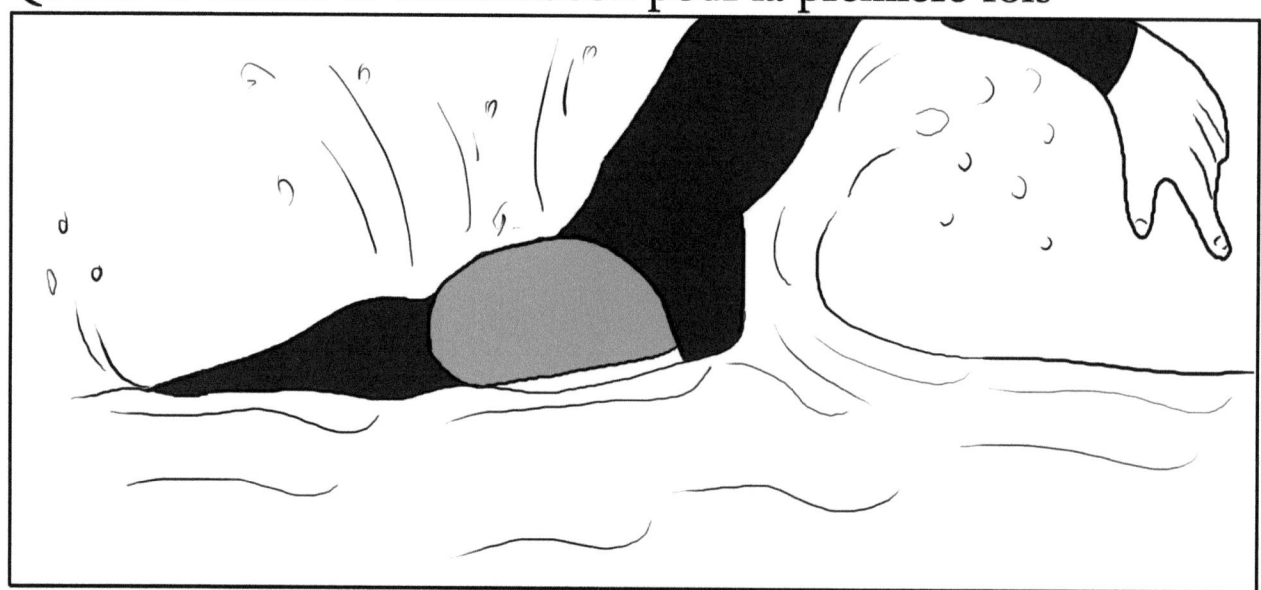

Quand tu découvres le vocabulaire spécifique

Quand tu t'épiles les jambes

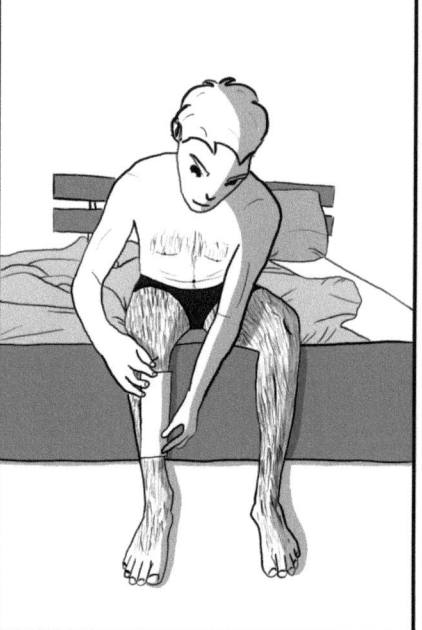
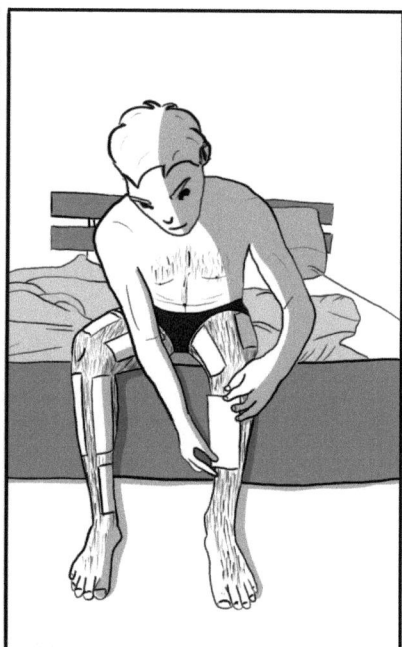
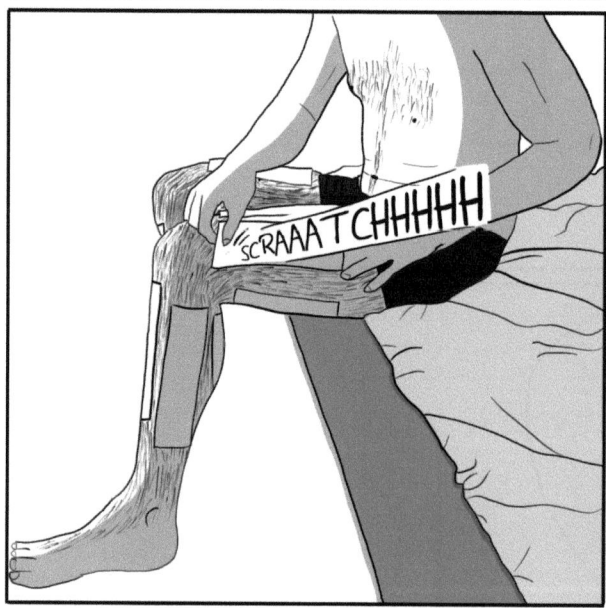

LE LENDEMAIN...

Quand tu veux t'inscrire à un triathlon

Quand tu t'inscris à ton premier triathlon

Quand tu veux un T-shirt finisher

Quand tu te la racontes

Quand tu rêves de triathlon

Quand tu fais de la préparation mentale

Quand tu te couches tôt

Quand tu es concentré sur ta course

Quand tu veux entrer dans le parc à vélo

5 minutes plus tard...

Quand tu rentres pour la première fois dans un parc à vélo

Quand tu prépares ton alimentation de course

Quand tu es au départ

Quand le départ est donné

Quand tu sors de l'eau

Quand tu esaies d'enlever ta combi

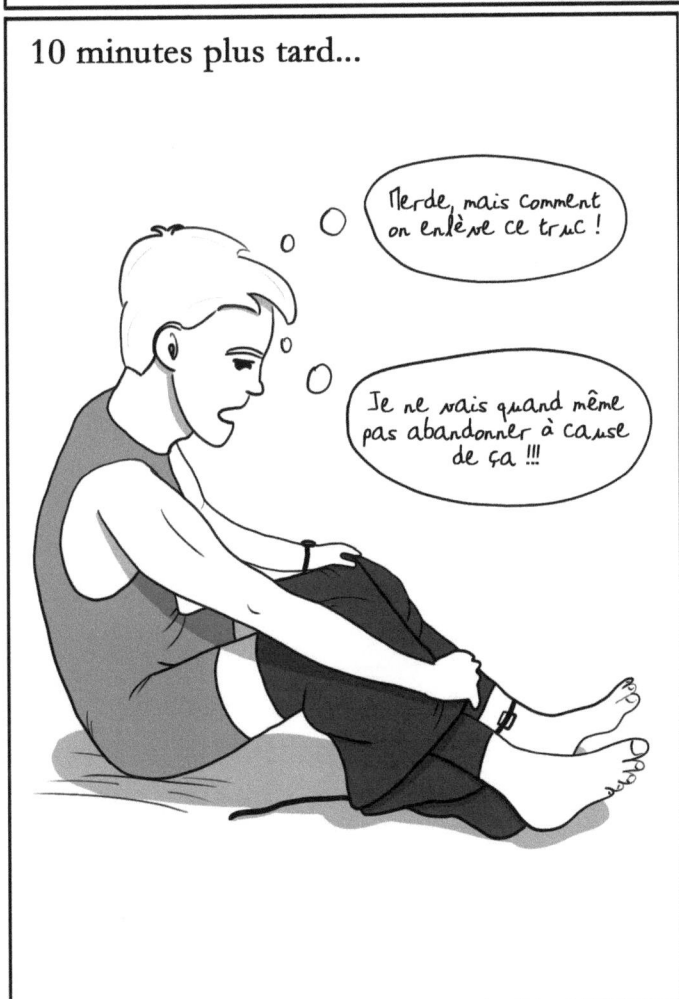

Quand tu pars à vélo

Quand tu es à T2

Quand tu pars à pied

Quand tu as trop chaud

Quand tu passes la ligne d'arrivée

Quand tu es au ravitaillement final

Quand tu es finisher

Et si notre Max rêvait déjà
de participer à un triathlon M ?

A suivre...

Quand tu découvres les autres livres